50 doces veganos

50 doces veganos

Delícias práticas e fáceis para todos os dias

Katia Cardoso

Fotos de JCarvalho
Produção culinária de Zulmira Fátima

Copyright © 2015 Katia Cardoso
Copyright desta edição © 2015 Alaúde Editorial Ltda.

Todos os direitos reservados. Nenhuma parte desta edição pode ser utilizada ou reproduzida – em qualquer meio ou forma, seja mecânico ou eletrônico –, nem apropriada ou estocada em sistema de banco de dados sem a expressa autorização da editora.

O texto deste livro foi fixado conforme o acordo ortográfico vigente no Brasil desde 1º de janeiro de 2009.

Fotografia:
JCarvalho

Desenvolvimento de receitas e produção culinária: Zulmira Fátima

Assistente de produção culinária:
Verônica Silva

Revisão:
Julio de Mattos

Capa e projeto gráfico:
Rodrigo Frazão

1ª edição, 2015 (3 reimpressões)
Impresso no Brasil

2021
Alaúde Editorial Ltda.
Avenida Paulista, 1337
conjunto 11, Bela Vista
São Paulo, SP, 01311-200
Tel.: (11) 3146-9700
www.alaude.com.br

A autora gostaria de agradecer às seguintes empresas pelo empréstimo do material utilizado na produção das fotos:

Anna Wilma Decoração
(www.annawilmadecoracao.com.br), fundos de madeira, louças e talheres;

Ateliê Cerâmica Patrícia Henriques
(www.ceramicapatriciahenriques.com.br) e *Stella Ferraz Cerâmica*
(www.stellaferraz.com.br), pratos, canecas e louças;

Antiquário Época (11 3081-6504), sousplat, bandejas e talheres antigos;

Zy Em Casa (wwwzyemcasa.com.br), jogos americanos e guardanapos;

Teakstore (www.teakstore.com.br), madeira do brigadeiro de chocolate meio amargo.

Dados Internacionais de Catalogação na Publicação (CIP)
(Câmara Brasileira do Livro, SP, Brasil)

Cardoso, Katia
50 doces veganos / Katia Cardoso; fotos de J. Carvalho.
-- São Paulo: Alaúde Editorial, 2015.

ISBN 978-85-7881-305-5

1. Alimentos vegetarianos 2. Culinária vegetariana
3. Doces (Culinária) 4. Gastronomia 5. Receitas
6. Vegetarianismo I. Carvalho J. II. Título.

15-06988	CDD-641.5636

Índices para catálogo sistemático:
1. Doces : Receitas vegetarianas : Culinária 641.5636

Sumário

6   *Um doce de pessoa, por Bettina Orrico*

8   *À beira do fogão*

11   *Tabela de conversão de medidas*

13   **Leites vegetais**
Cinco versões nutritivas e saudáveis

17   **Comece bem**
Sugestões para o café da manhã

31   **Em grande estilo**
Sobremesas imperdíveis

63   **Hora do lanche**
Snacks e petiscos

89   **Pedidos especiais**
Delícias sem glúten

107   **Vestidos para a festa**
Bolos maravilhosos

130   *Glossário*

134   *Índice alfabéticos das receitas*

Um doce de pessoa

Falar sobre essa moça é falar sobre a caridade e a fé. É comentar a alegria de viver uma vida que preenche desejos e sonhos. Conheci Katia há muitos anos, na redação de *Claudia Cozinha*, na Editora Abril. De longe, a via sossegada fazendo seu trabalho e, às vezes, dando um sorriso que só ela sabe dar. Nessa época, sabia pouco sobre ela. Apenas que era casada e tinha duas lindas cachorrinhas. Tudo para mim indicava sua felicidade. Não devo ter errado.

O tempo passou e tudo se transformou na vida dessa moça, que eu achava viver num nirvana. Não entrarei em detalhes, mas ela sofreu. E seu sofrimento só se sabia pelo olhar triste e pelo seu silêncio. Era o retrato de uma dor grande na alma. Pouco tempo depois, ainda recebeu a notícia de sua saída da revista. Vivenciei sua dor, respeitando seu silêncio.

Mas, como acontece com todos nós, a vida sempre muda seu rumo. Passado o tempo, precisei de uma ajuda para minha alma. Vivia meu inferno astral. E de onde veio a ajuda? Sem eu menos esperar, veio dessa moça – que já tinha saído do seu sofrimento e estava me dando a mão. Uma vez por semana, íamos à noite ouvir uma palestra numa igreja católica. Ela, já com seu sorriso de volta, transmitia uma paz e uma alegria interna linda. Passou o tempo e nossas palestras terminaram. Ficamos com notícias de uma e outra apenas em telefonemas esporádicos. Soube, então, que estava fazendo vários cursos e já era formada em naturopatia e psicoterapia reencarnacionista. Fiquei encantada! Precisei novamente de sua ajuda. E ela, por desejo próprio, vinha toda semana à minha casa transmitir muita energia. Agora, sem intermediários, eu recebia ajuda da própria amiga.

Nessa fase, como editora da revista *Ana Maria*, ainda na Editora Abril, Katia continuava sua trajetória no mundo da culinária, pesquisando e redigindo receitas que não só deliciam o paladar, mas trazem harmonia à visão. Cada pauta é sempre um desafio, mas ela sabe sempre chegar ao gosto da revista, apesar de ser uma vegetariana total! Uma grande ferramenta que possui e garante o sucesso do trabalho é o seu olhar para dirigir as fotos. Sabe extrair das imagens o que interessa e impressiona as leitoras. Fornece, assim, comida para o corpo e alegria para a alma.

Nesse ínterim, passou por mais uma grande perda – sua cachorrinha companheira de uma vida, a Melody, faleceu e logo depois a outra, Gigi, também partiu. Voltou o sofrimento, mas ela não se deixou abater por muito tempo. Teve grande ajuda da Asseama, associação voltada aos animais, mas já estava armada de uma força espiritual imensa. Começou, então, uma dedicação ainda maior pelos animais. E, como toda novela termina bem, hoje novamente tem a companhia de dois "filhinhos" e a vida segue em perfeita harmonia, porque a alegria de Katia é fazer o bem ao próximo e, assim, recebe todas as graças de volta.

Para mim, Katia traduz a paz que todos nós almejamos, mas não sabemos alcançar, pois não queremos enfrentar uma nova noção de disciplina da vida. Não foi fechando os olhos que ela encontrou a paz. Ela quis e foi à procura disso. Registrou tudo o que não queria mais para si e se fortaleceu com o que desejava, de acordo com o Eu Maior.

Agora, para consolidar mais ainda o seu trabalho na culinária, escreveu um livro que, na certa, vai nos ensinar muita coisa boa. É resultado de sua vivência no meio de gostosuras e tentações para as leitoras, que não se cansam de aprender novos sabores. Por tudo isso, compreendemos o sucesso enorme que seu trabalho alcança. Desejo que assim continue, pois só de possuir em mãos essas receitas as leitoras se satisfazem, pensando "um dia poderei fazer"...

Com o tempo passando, pensei em como agradecer por todo o bem que ela sempre me faz. Na minha mente, só vieram orações. Ela, no entanto, um dia me falou: "Basta um pacotinho de ração para os cachorrinhos e tudo está bem".

Katia, talvez você não tenha noção do bem que você nos dá apenas com seu olhar, seu sorriso tão meigo e sincero. Continue na estrada escolhida. Não sei dizer as tantas graças que você receberá. O que sei é que o estoque de ração para os muitos cachorrinhos abandonados será grande... grande... grande...

Bettina Orrico
Consultora de culinária da revista Claudia

À beira do fogão

Cresci em meio às panelas. Caçula de uma família de cinco filhos, aprendi cedo o caminho que leva ao mundo dos aromas, dos sabores, das texturas. Minha mãe era cozinheira de mão-cheia, mas da sua cozinha não saíam apenas delícias – saíam também ensinamentos. Ali era o local em que mais conversávamos. Falávamos um pouco de tudo, dos acontecimentos normais da vida – morte, nascimento, estudos, puberdade, amor, perdas e ganhos.

Parte da infância e da adolescência passei observando como ela cortava os ingredientes para criar pratos com carne, arroz, legumes, verduras e frutas. Até uma simples batata frita se transformava em suas mãos! Se fechar os olhos, consigo, ainda hoje, sentir o aroma do feijão-preto – temperado com alho, cebola, sal e louro – invadir minhas lembranças e me dar água na boca. Nunca consegui preparar um feijão como o da minha mãe, embora tenha herdado sua receita. Talvez não tenha a mão certa para isso. Não importa! Esse feijão-preto faz parte das minhas memórias afetivas.

Só me afastava da cozinha quando o cardápio era frango ou peixe. Nesses dias, ficava bem distante. Por mais que ela insistisse que eu deveria comer também esses alimentos, nunca coloquei um naco deles na boca. Tempos depois, descobri o motivo da minha aversão: o fato do formato deles lembrarem, obviamente, um bicho, pois são animais. E eu sempre amei os animais! A carne bovina, por outro lado, chega ao nosso prato em forma de bifes ou moída e não nos obriga a pensar em sua origem. É como se fosse materializada na panela e, de lá, pousasse direto no prato.

Flertei com o vegetarianismo na adolescência, após uma visita a uma fazenda no sul de Minas Gerais. Cortei a carne do cardápio depois de ficar frente a frente com uma vaca. Ao ver aquele olhar manso e amoroso, não consegui mais comer sem pensar que um animal tinha dado a sua vida para satisfazer a minha gula. A decisão durou pouco tempo, como quase todas as que os adolescentes tomam. O incômodo, ao contrário, permaneceu.

Tornei-me realmente vegetariana há quase dez anos, por causa da minha poodle Melody. Com ela, aprendi a amar ainda mais os animais e comecei a questionar por que adorava cães, mas comia vacas. Então, aboli a carne e fiquei bem apenas com os derivados animais, como laticínios e ovos.

O veganismo entrou na minha vida há um ano, quando participei de um curso no qual tomei conhecimento do sofrimento que cerca a indústria de alimentos. Entendi que leite e ovos, únicos produtos de origem animal que eu ainda consumia, teriam que sair de vez do meu prato e da minha cozinha.

Sem traumas, os laticínios se despediram do meu cardápio. Em teoria, com eles iriam os sorvetes, os bolos, os pavês, os mingaus, mas isso eu não podia permitir. A ideia deste livro surgiu, então, pela vontade de criar doces cheios de sabor, que conciliassem o desejo de comer um brigadeiro, uma musse ou um bolo invertido com a convicção de não consumir produtos animais. Chamei meus parceiros de aventura – Zulmira Fátima, culinarista de extremo talento, e JCarvalho, fotógrafo que tem um olhar único para os alimentos. Vivemos dias divertidos e de muito trabalho, discutindo receitas, provando e fotografando.

O resultado está nas próximas páginas. Zulmira soube dar sabor e forma às receitas que eu imaginei. JCarvalho deu textura e emprestou sua luz linda, única, especial.

Este trabalho é a prova de que é possível, sim, encher a cozinha de cheiros, formas e gostos sem praticar e compactuar, direta ou indiretamente, com qualquer tipo de crueldade animal. Espero que vocês gostem e que este livro se transforme num companheiro inseparável de todos os que desejam alimentos mais saudáveis e igualmente deliciosos – totalmente em sintonia com o planeta que queremos.

Meu caminho em direção ao veganismo se deu por amor e respeito aos animais, ao meio ambiente e ao meu corpo.

Sejam bem-vindos ao meu mundo de sabores.

Katia Cardoso

Tabela de conversão de medidas

aveia
1 xícara 106 g
1 colher (sopa) 7 g
1 colher (chá) 2,5 g

amaranto em flocos e quinoa
1 xícara 180 g
1 colher (sopa) 12 g
1 colher (chá) 4 g

açúcar demerara e cristal
1 xícara 230 g
1 colher (sopa) 14,5 g
1 colher (chá) 4,5 g

açúcar mascavo
1 xícara 200 g
1 colher (sopa) 12,5 g
1 colher (chá) 4,5 g

chia
1 xícara 168 g
1 colher (sopa) 11 g
1 colher (chá) 3,5 g

chocolate em pó
1 xícara 90 g
1 colher (sopa) 6 g
1 colher (chá) 2 g

farinha de trigo
1 xícara 120 g
1 colher (sopa) 7,5 g
1 colher (chá) 2,5 g

líquidos (água, óleo, leite vegetal)
1 xícara 240 ml
1 colher (sopa) 15 ml
1 colher (chá) 5 ml

leites vegetais

cinco versões nutritivas e saudáveis

leite de avelãs

2 xícaras de avelãs sem casca levemente torradas
4 xícaras de água filtrada

Esfregue bem a avelã num pano limpo para remover totalmente a pele. Ponha numa tigela e cubra com água. Deixe de molho por uma noite. No dia seguinte, escorra e ponha no liquidificador. Bata, aos poucos, com a água filtrada até ficar homogêneo. Coe bem. Use os resíduos em outras receitas e o leite vegetal em vitaminas e doces.

Pode ser mantido por até três dias na geladeira.

leite de aveia

1 xícara de aveia em flocos
1½ xícara de água filtrada quente

Em uma tigela, ponha a aveia. Despeje a água quente sobre a aveia e reserve por, no mínimo, 30 minutos ou até esfriar. Coe e use o leite em receitas doces e vitaminas. Se quiser, adicione essência de baunilha e adoce a gosto.

Você pode preparar o leite de quinoa da mesma forma, com a mesma quantidade de água para ½ xícara de quinoa.

leite de inhame

2 inhames, sem casca, picados
5 xícaras de água filtrada

No liquidificador, ponha o inhame e 3 xícaras da água. Bata bem e adicione a água restante. Bata até obter um leite espesso. Coe e use em suas receitas preferidas.

Menos comum que os outros leites vegetais, o leite de inhame deve ser incluído na dieta por ser uma boa fonte de cálcio, ferro, fósforo e vitaminas B_1, B_3 e B_5.

leite de soja

1 xícara de soja em grãos
5 xícaras de água filtrada

Ponha a soja num panela com água suficiente para cobrir os grãos. Ferva por 5 minutos (isso vai minimizar o sabor residual). Escorra e lave os grãos em água corrente, removendo a pele. Deixe novamente de molho por uma noite em água suficiente para cobrir os grãos. Escorra, descarte a água e bata a soja no liquidificador com a água filtrada até ficar homogêneo. Coe e leve ao fogo por mais 20 minutos, mexendo às vezes.

Use soja orgânica e aproveite os resíduos dos grãos para fazer biscoitos ou engrossar caldos.

leite de amêndoas

1 xícara de amêndoas sem casca
2 xícaras de água filtrada

Numa tigela funda, ponha a amêndoa. Adicione água suficiente para cobri-la. Deixe de molho, coberto com filme de PVC, por, no mínimo, 12 horas. Escorra a água do molho, descartando-a. Ponha as amêndoas no liquidificador e adicione a água filtrada. Bata bem e coe, usando uma peneira de trama bem fina ou um pedaço de voal reservado somente para essa finalidade.

Os resíduos da amêndoa batida podem ser usados em outras receitas, como na massa de cookies ou de bolos.

comece bem

sugestões para
o café da manhã

barrinhas de cereais
com frutas secas

tempo de preparo 30 minutos (+ o tempo de geladeira)
rende 20 unidades

1 xícara de ameixa-preta, sem caroço, picada
10 damascos secos picados
½ xícara de melado de cana
1½ xícara de aveia em flocos finos
4 colheres (sopa) de sementes de abóbora
4 colheres (sopa) de nozes, sem casca, picadas
1 xícara de uva-passa branca ou preta, sem caroço, picadas

1 Preaqueça o forno a 180 °C.
2 No processador, bata rapidamente a ameixa-preta e o damasco (cuidado para não triturar muito).
3 Transfira para uma tigela e junte os ingredientes restantes, misturando muito bem com uma colher de pau.
4 Forre uma assadeira média, de fundo removível, com papel-manteiga. Por cima do papel, disponha os ingredientes bem misturados. Alise com as costas de uma colher para deixar uniforme.
5 Leve ao forno preaquecido por 10 minutos. Retire do forno e deixe esfriar. Cubra com filme de PVC e leve à geladeira até o dia seguinte. Sirva.

Muito saudáveis, estas barrinhas ficam ótimas num lanche rápido. Basta embrulhá-las em filme de PVC ou papel-manteiga e consumi-las no decorrer do dia, no trabalho ou antes da atividade física.

salada de frutas com falso
iogurte de coco

tempo de preparo 1 hora
rende 4 porções

2 xícaras de leite vegetal (pp. 14-15)
1 vidro de leite de coco (200 ml)
½ xícara de coco fresco ralado
½ xícara de açúcar demerara
2 colheres (sopa) de polvilho doce
3 xícaras de frutas frescas a gosto,
sem casca, cortadas em cubinhos

granola a gosto para polvilhar

1 No liquidificador, bata o leite vegetal, o leite de coco, o coco, o açúcar e o polvilho por 1 minuto.

2 Passe para uma panela e leve ao fogo, mexendo sempre, até ferver. Ponha novamente no liquidificador e bata mais.

3 Ao esfriar, leve à geladeira por 30 minutos. Transfira para quatro bowls e junte as frutas picadas. Polvilhe com a granola e sirva.

Caso o falso iogurte fique muito líquido, adicione um pouco mais de polvilho enquanto estiver no fogo. Conserve-o na geladeira, sem as frutas, dentro de um recipiente de vidro com tampa por até 2 dias.

smoothie de coco

tempo de preparo 5 minutos
rende 2 copos

1 xícara de falso iogurte (p. 20)
1 xícara de leite de aveia (p. 14)
ou de amêndoas (p. 15)
2 colheres (sopa) de coco fresco ralado
uma pitada de canela em pó
½ colher (chá) de chia
4 cubos de gelo

Ponha todos os ingredientes no liquidificador e bata por 2 minutos ou até ficar homogêneo. Ponha em copos altos e sirva em seguida.

smoothie de manga

tempo de preparo 5 minutos
rende 2 copos

1 vidro de leite de coco (200 ml)
1 manga média picada em cubos
½ xícara de água
½ colher (sopa) de linhaça dourada
2 cubos de gelo

manga em cubinhos para decorar

No liquidificador, ponha todos os ingredientes (reserve alguns cubinhos de manga para decorar). Bata por 2 minutos ou até ficar homogêneo. Despeje em copos altos e decore com a manga reservada antes de servir.

mingau de aveia
com frutas secas

tempo de preparo 5 minutos
rende 2 porções

2 xícaras de água de coco natural
4 colheres (sopa) de coco fresco ralado
4 colheres (sopa) de aveia em flocos finos
2 colheres (sopa) de açúcar demerara
2 colheres (sopa) de nozes, sem casca, picadas

canela em pó a gosto para polvilhar

1 Bata no liquidificador a água de coco com o coco por 1 minuto.
2 Passe para uma panela e adicione a aveia e o açúcar. Leve ao fogo, mexendo sempre, até ferver e engrossar levemente.
3 Ponha em canecas, junte as nozes e polvilhe com a canela antes de servir.

Se preferir, adicione outras frutas secas ou oleaginosas à receita.

cookies de
goji berry

tempo de preparo 1 hora
rende 75 unidades

2 xícaras de farinha de trigo branca
½ xícara de farinha de trigo integral
1½ xícara de açúcar mascavo
uma pitada de sal
1½ colher (chá) de bicarbonato de sódio
1 colher (sopa) de farinha de linhaça dourada
2 colheres (sopa) de água
¾ de xícara de óleo de coco
1 xícara de goji berry

1. Preaqueça o forno a 180 °C.
2. Numa tigela, misture todos os ingredientes, pela ordem da lista, usando uma colher grande ou espátula.
3. Forre duas assadeiras, baixas e de tamanho médio, com papel-manteiga levemente untado com óleo de coco. Distribua a massa com ajuda de uma colher de chá e forme montinhos, distantes uns dos outros.
4. Leve ao forno por 15 minutos ou até assar e dourar. Retire do forno e deixe esfriar sobre uma grade. Remova os cookies da assadeira e sirva.

Você pode conservar os cookies num recipiente com tampa por até 10 dias, fora da geladeira. No lugar do goji berry, experimente usar amêndoas ou nozes, sem casca, bem picadas.

chocolate quente

tempo de preparo 5 minutos
rende 2 copos

2 xícaras de leite de amêndoas (p. 15)
2 colheres (sopa) de biomassa de banana verde (p. 37)
½ xícara de chocolate meio amargo vegano (sem lactose) picado
1 colher (chá) de essência de baunilha

canela em pó a gosto para polvilhar

1 Numa panela pequena, ponha o leite de amêndoas, a biomassa e o chocolate. Leve ao fogo baixo, mexendo sempre até a biomassa e o chocolate derreterem.
2 Retire do fogo e acrescente a baunilha. Ponha nos copos e sirva polvilhado com a canela.

Para dar um sabor mais marcante, experimente adicionar um anis-estrelado ao leite vegetal enquanto ferve. Se fizer isso, não use a essência de baunilha.

em grande estilo

sobremesas imperdíveis

pavê de paçoca

tempo de preparo 40 minutos (+ o tempo de geladeira)
rende 6 pedaços

1½ xícaras de leite vegetal (pp. 14-15)
½ xícara de açúcar cristal orgânico
6 colheres (sopa) de amido de milho
1 xícara de pasta de amendoim sem açúcar
1 colher (sopa) de licor de amendoim
150 g de biscoitos sem lactose (vegano)

1 xícara de xerém de amendoim para polvilhar

1 Forre uma fôrma de bolo inglês com papel-alumínio e unte com óleo vegetal.

2 Em uma panela, misture bem o leite (reserve ½ xícara) com o açúcar e o amido. Leve ao fogo, mexendo sempre até engrossar. Retire do fogo e junte a pasta de amendoim. Mexa bem até obter uma mistura homogênea. Reserve até esfriar um pouco.

3 Numa tigela, misture o leite reservado com o licor. Passe os biscoitos rapidamente nessa mistura. Espalhe um pouco do creme no fundo da fôrma e monte o pavê alternando camadas dos biscoitos e do creme, mas finalize com o creme.

4 Cubra com filme de PVC e leve à geladeira por 8 horas. Pouco antes de servir, desenforme e polvilhe com o xerém de amendoim.

sorbet de
manga e gengibre

tempo de preparo 15 minutos (+ o tempo de congelador)
rende 6 porções

3 xícaras de manga, sem casca, picada
um pedaço de gengibre de 5 cm
2 colheres (sopa) de suco de limão
4 colheres (sopa) de açúcar demerara

1 Coloque os pedaços de manga em uma assadeira pequena e leve ao congelador, coberta com papel-alumínio. Deixe até ficar bem firme.

2 À parte, rale o gengibre e passe a raiz ralada por um coador de pano. Esprema para obter o equivalente a 1 colher (sopa) de suco. Reserve.

3 Transfira a manga para o liquidificador e bata com o suco de gengibre, o suco de limão e o açúcar até virar um creme homogêneo. Leve novamente ao congelador por 30 minutos. Sirva decorado com fatias finas de gengibre ou pedacinhos de manga.

Depois de bater o sorbet, não o deixe por mais de 30 minutos no congelador para não perder a cremosidade.

brigadeiro de chocolate
meio amargo

tempo de preparo 1 hora
rende 8 porções

biomassa de banana
4 bananas bem verdes com a casca

brigadeiro
200 g de chocolate meio amargo
vegano (sem lactose) picado
4 colheres (sopa) de açúcar mascavo

granulado de chocolate vegano
a gosto para polvilhar

1 Para a biomassa, lave bem as bananas e coloque-as na panela de pressão. Cubra com água fria e leve ao fogo alto. Quando começar a pressão, abaixe o fogo e cozinhe por mais 10 minutos.

2 Desligue o fogo e deixe sair a pressão. Escorra a água e retire a polpa das bananas com cuidado, cortando a casca. Se alguma abrir, não tem problema.

3 Bata a polpa cozida no liquidificador até obter uma pasta. Se for preciso junte algumas colheradas de água, mas use a do cozimento.

4 Prepare o brigadeiro. Ponha a biomassa em uma panela e adicione o chocolate e o açúcar. Misture e leve ao fogo, mexendo sempre até obter um creme denso.

5 Distribua entre oito copinhos individuais. Deixe esfriar, polvilhe com o granulado e sirva.

Se quiser fazer bolinhas de brigadeiro, deixe um pouco mais no fogo até começar a soltar do fundo da panela. Passe para um prato e espere esfriar para enrolar e cobrir com o granulado.

musse de chocolate crocante
com amêndoas

tempo de preparo 15 minutos (+ o tempo de geladeira)
rende 6 porções

300 g de chocolate vegano (sem lactose) meio amargo picado
½ xícara de água fervente
6 colheres (sopa) de melado de cana
1 xícara de abacate maduro amassado (o equivalente a 1 abacate pequeno)
¾ de xícara de amêndoa, sem pele, levemente torrada e picada

1 Ponha no liquidificador o chocolate, ligue na velocidade média e junte a água fervente pela tampa pequena. Aumente a velocidade e bata até derreter bem. Adicione o melado e o abacate e bata mais até misturar.

2 Transfira para uma tigela e acrescente a amêndoa (reserve um pouco para decorar), misturando levemente.

3 Passe para seis taças ou xícaras pequenas e cubra com filme de PVC. Leve à geladeira por 1 hora ou até firmar. Decore com a amêndoa reservada e sirva.

gelatina de manga
com ágar-ágar

tempo de preparo 30 minutos (+ o tempo de geladeira)
rende 4 porções

2 xícaras de manga madura sem casca
½ xícara de água
1 colher (sopa) de ágar-ágar
2 colheres (sopa) de açúcar demerara
2 colheres (sopa) de suco de limão

1 Bata a manga no liquidificador sem água até ficar cremosa. Reserve.

2 Em uma panela pequena, misture a água com o ágar-ágar. Leve ao fogo baixo, mexendo por 2 minutos, e desligue. Transfira essa mistura para o liquidificador com a manga batida.

3 Adicione o açúcar e o suco de limão. Bata até misturar bem. Distribua entre quatro taças ou copos e deixe descansar, fora da geladeira, por 1 hora.

4 Cubra com filme de PVC e gele por mais 1 hora. Antes de servir, decore com duas finas fatias de manga com a casca e uma folhinha de hortelã.

Não deixe por mais de 2 dias na geladeira, depois desse tempo, o doce começa a verter água.

sorvete de
morango

tempo de preparo 1 hora (+ o tempo de geladeira)
rende 6 porções

geleia

250 de morangos maduros e limpos
1 colher (sopa) de açúcar demerara
1 colher (sopa) de suco de limão

sorvete

500 g de morangos maduros e limpos
1 caixa de creme de arroz para uso culinário
½ xícara de açúcar demerara

1 Comece pela geleia. Coloque o morango, o açúcar e o suco de limão em uma panela. Leve ao fogo, mexendo até obter uma geleia firme. Desligue o fogo e deixe esfriar.

2 Enquanto isso, prepare o sorvete. No liquidificador, bata o morango, o creme de arroz e o açúcar até ficar homogêneo. Transfira para uma assadeira pequena e leve ao congelador até ficar bem firme.

3 Forre uma fôrma de bolo inglês pequena com papel-alumínio e ponha, alternadamente, colheradas do sorvete e da geleia (reserve um pouco da geleia para servir).

4 Cubra com papel-alumínio e leve ao congelador por 6 horas ou até firmar. Sirva com morangos frescos e a geleia reservada.

Este sorvete fica ótimo com salada de frutas ou bolo de chocolate vegano.

semifreddo de
chocolate e nozes

tempo de preparo 1 hora (+ o tempo de congelador)
rende 8 fatias

500 g de chocolate meio amargo
vegano (sem lactose)
3 vidros de leite de coco (600 ml)
150 g de melado de cana
1 colher (sopa) de essência de baunilha
1 xícara de nozes, sem casca,
grosseiramente picadas
3 colheres (sopa) de amido de milho

calda de chocolate (p. 122)
nozes a gosto para decorar

1 Ponha o chocolate e 1 vidro de leite de coco numa tigela refratária. Leve ao micro-ondas, em potência média, por 2 minutos. Retire e misture bem até dissolver. Se for necessário, deixe por mais 30 segundos no micro-ondas.

2 Junte o melado, a essência e as nozes. Misture bem. Reserve.

3 Em uma panela, misture o leite de coco restante e o amido. Leve ao fogo baixo, mexendo até engrossar. Deixe esfriar e misture ao creme de chocolate, usando uma espátula e sem bater.

4 Passe para uma fôrma de bolo inglês pequena, forrada com papel-alumínio (deixe sobrar papel fora da fôrma) e cubra com o papel excedente. Leve ao congelador até ficar bem firme.

5 Desenforme no prato de servir, retire o papel e regue com calda de chocolate. Polvilhe com mais nozes e sirva em seguida.

taça de
abacaxi e coco

tempo de preparo 1 hora (+ o tempo de geladeira)
rende 6 porções

doce de abacaxi com coco

1 abacaxi médio, maduro,
sem casca, picado
2 colheres (sopa) de açúcar demerara
½ xícara de água
1 xícara de coco fresco ralado grosso

creme

1½ xícara de leite vegetal (pp. 14-15)
3 colheres (sopa) de amido de milho
½ xícara de açúcar demerara
½ colher (sopa) de essência
de baunilha
1 pacote de biscoito vegano

1 Para o doce de abacaxi com coco, em uma panela, misture o abacaxi com o açúcar e a água e cozinhe por 10 minutos ou até ficar macio, sem desmanchar e sem caldo.

2 Adicione o coco (reserve um pouco para decorar), misture e retire do fogo. Reserve.

3 Em outra panela, misture o leite (reserve ½ xícara) com o amido e o açúcar. Leve ao fogo, mexendo sempre até engrossar. Retire do fogo e acrescente a essência de baunilha. Deixe esfriar.

4 Para a montagem, umedeça levemente o biscoito no leite reservado. Monte o pavê alternando, em seis taças, o creme, o biscoito umedecido e o doce de abacaxi, mas termine com o doce. Leve à geladeira por 2 horas. Decore com o coco reservado e sirva.

pudim de baunilha com calda de
frutas vermelhas

tempo de preparo 1h30 (+ o tempo de geladeira)
rende 4 unidades

calda

1 pacote de frutas vermelhas
congeladas (300 g)
1 xícara de açúcar demerara
1 pau de canela

creme

3 xícaras de leite vegetal (pp. 14-15)
1 xícara de açúcar cristal ou demerara
½ xícara de amido de milho
2 colheres (sopa) de essência
de baunilha

1 Para a calda, descongele as frutas sobre uma peneira, aparando o caldo em uma panela. Reserve as frutas e junte o açúcar e a canela ao caldo obtido.

2 Leve ao fogo, mexendo até o açúcar dissolver. Pare de mexer e deixe a calda ferver até engrossar.

3 Adicione as frutas reservadas e deixe ferver novamente, sem mexer para não desfazer as frutas. Retire do fogo, espere esfriar e conserve, num recipiente com tampa, na geladeira.

4 Prepare o creme. Em outra panela, misture o leite, o açúcar, o amido e a baunilha. Leve ao fogo, mexendo sempre até engrossar.

5 Distribua entre quatro forminhas individuais levemente untadas com óleo. Deixe esfriar e leve à geladeira por 4 horas ou até firmar. Desenforme e sirva com a calda de frutas.

pudim de arroz
com caramelo

tempo de preparo 2 horas (+ o tempo de geladeira)
rende 12 unidades

calda
1½ xícara de açúcar mascavo
1 xícara de água
1 anis-estrelado

pudim
1 xícara de arroz cateto integral
4 xícaras de água
uma pitada de sal
1 pau de canela
4 cravos-da-índia
1 xícara de leite vegetal (pp. 14–15)
1 xícara de água de coco
½ xícara de coco fresco ralado
1 xícara de açúcar demerara
⅓ de xícara de farinha de arroz

1 Para a calda, em uma panela, ponha o açúcar, a água e o anis. Leve ao fogo, mexendo até o açúcar derreter. Pare de mexer e deixe ferver até ficar bem grosso e atingir o ponto de caramelo. Tire do fogo e reserve.

2 Em outra panela, ponha o arroz, já lavado e escorrido, a água, o sal, a canela e o cravo. Cozinhe em fogo baixo até ficar macio. Se necessário, adicione mais água. Reserve.

3 No liquidificador, bata o leite com a água de coco, o coco, o açúcar e a farinha de arroz. Junte o arroz cozido reservado. Bata mais até ficar homogêneo.

4 Preaqueça o forno a 180 °C. Unte forminhas individuais com óleo de coco e cubra o fundo delas com metade da calda reservada. Preencha com o pudim batido. Ponha as forminhas numa assadeira e preencha com água até a metade da altura das forminhas.

5 Leve ao forno por 50 minutos ou até assar e dourar levemente. Deixe esfriar e leve à geladeira por 2 horas. Desenforme com cuidado e sirva com a calda restante.

(foto na p. 52)

Você pode preparar esta receita em uma forma de buraco no meio, com 22 cm de diâmetro, untada com óleo de coco e com o fundo coberto com calda de caramelo.

pudim de arroz com caramelo (pp.50–51)

tortinhas de chocolate e maracujá (pp.54-55)

tortinhas de chocolate e
maracujá

tempo de preparo 1h30
rende 8 unidades

massa
1 xícara de farinha de trigo branca
1 xícara de farinha de trigo integral
½ xícara de açúcar demerara
4 colheres (sopa) de amaranto em flocos
1 colher (sopa) de cacau em pó
⅓ de xícara de óleo vegetal
½ xícara de água

recheio
2 xícaras de leite vegetal (pp. 14-15)
1 colher (sopa) de ágar-ágar
½ xícara de açúcar cristal
1 maracujá

geleia
1 maracujá
2 colheres (sopa) de açúcar cristal
4 colheres (sopa) de água

1. Para a massa, em uma tigela, misture os dois tipos de farinha com o açúcar, o amaranto, o cacau e o óleo. Junte a água, aos poucos, até a massa soltar das mãos. Embrulhe em filme de PVC e leve à geladeira por 30 minutos.

2. Preaqueça o forno a 180 ºC. Abra pequenas porções da massa e forre oito forminhas, revestindo-as bem. Cubra com papel-alumínio, bem aderido à massa, e fure tudo com um garfo. Ponha numa assadeira e leve ao forno por 10 minutos. Retire o papel e deixe no forno por mais 5 minutos ou até a massa assar e secar bem. Retire do forno, desenforme e deixe esfriar sobre uma grade.

3. Enquanto isso, prepare o recheio. Leve ao fogo o leite com o ágar-ágar e o açúcar. Mexa bem e deixe ferver por 2 minutos em fogo baixo. Retire do fogo e misture a polpa do maracujá. Reserve até esfriar.

4. Faça a geleia. Leve ao fogo a polpa do maracujá com o açúcar e a água, mexendo até o açúcar dissolver. Deixe ferver em fogo baixo para engrossar.

5. Cubra a massa com o recheio reservado. Leve à geladeira por, no mínimo, 2 horas. Antes de servir, decore com a geleia.

(foto na p. 53)

pavê de
coco e cookies

tempo de preparo 1 hora (+ o tempo de geladeira)
rende 6 porções

creme

1 xícara de água de coco
2 vidros de leite de coco (400 ml)
1 caixa de creme de aveia para uso culinário
1 xícara de açúcar cristal
5 colheres (sopa) de amido de milho
2 xícaras de coco fresco ralado grosso

cobertura

2 xícaras de leite vegetal (pp. 14-15)
½ xícara de açúcar mascavo
6 colheres (sopa) de cacau em pó
1 colher (sopa) de óleo de coco
150 g de cookies de coco vegano

coco fresco ralado a gosto para polvilhar

1. Para o creme, em uma panela, misture os cinco primeiros ingredientes e leve ao fogo, mexendo sempre até engrossar. Junte o coco, misture e retire do fogo. Reserve até esfriar.

2. Prepare a cobertura. Leve ao fogo o leite com o açúcar e o cacau, mexendo sempre até engrossar. Retire do fogo e adicione o óleo de coco. Espere esfriar.

3. Monte o pavê em potinhos, alternando camadas de cookies e de creme de coco. Cubra com o creme de cacau e leve à geladeira por 2 horas. Antes de servir polvilhe com coco fresco, se desejar, e decore com mais cookies.

panqueca de tapioca com doce de abóbora

tempo de preparo 1h30
rende 6 unidades

doce

500 g de abóbora madura, sem casca, cortada em pedaços pequenos

1 xícara de açúcar demerara

2 paus de canela

1 anis-estrelado

6 cravos-da-índia

½ xícara de coco ralado grosso fresco

tapioca

500 g de polvilho doce

⅓ de xícara de água

1. Para o doce, em uma panela de pressão, ponha a abóbora, o açúcar, a canela, o anis e o cravo. Tampe a panela e leve ao fogo alto até a panela começar a chiar. Abaixe o fogo e cozinhe por 8 minutos, após o início da pressão.

2. Deixe a pressão sair naturalmente e abra a panela. Se ainda tiver muito caldo, leve ao fogo, mexendo sempre, até quase secar. Adicione o coco e misture bem. Reserve até esfriar.

3. Prepare a tapioca. Em uma tigela, misture aos poucos o polvilho com a água até dar o ponto da tapioca (úmido e esfarelando, mas a massa não fica mole).

4. Aqueça uma frigideira antiaderente e peneire a tapioca, preenchendo todo o fundo. Aperte com as costas de uma colher até ficar homogêneo. Quando começar a firmar, vire do outro lado.

5. Prepare as restantes da mesma forma. Recheie com o doce, dobre com cuidado e sirva.

bolo no pote

tempo de preparo 3 h (+ o tempo de geladeira)
rende 10 unidades

massa

3 xícaras de farinha de trigo
2 xícaras de açúcar demerara
¾ de xícara de óleo
1 colher (chá) de goma xantana
1 colher (chá) de essência de baunilha
1 colher (sopa) de fermento químico
em pó

calda

1 vidro de leite de coco (200 ml)
½ xícara de leite de aveia (p. 14)
3 colheres (sopa) de açúcar demerara

creme

2 xícaras de leite vegetal (pp. 14-15)
½ xícara de açúcar demerara
4 colheres (sopa) de amido de milho

frutas vermelhas e calda (p. 49)
a gosto para decorar

1 Preaqueça o forno a 180 °C.

2 Em uma tigela, misture os ingredientes da massa pela ordem. Transfira para uma assadeira média, untada com óleo e polvilhada com farinha de trigo.

3 Leve ao forno por 40 minutos ou até assar e dourar.

4 Enquanto isso, prepare a calda. Misture o leite de coco com o leite de aveia e o açúcar e reserve.

5 Prepare também o creme. Leve ao fogo médio o leite com o açúcar e o amido, mexendo sempre até engrossar. Reserve.

6 Retire o bolo do forno e, com ajuda de um garfo, faça furos por toda a superfície. Regue o bolo ainda quente com a calda reservada. Deixe esfriar. Corte em pedaços pequenos.

7 Monte o doce em potes individuais, alternando camadas de creme, massa cortada em cubos, calda de frutas vermelhas e as frutas vermelhas a gosto. Leve à geladeira por 2 horas antes de servir.

Depois de frio, guarde o doce na geladeira por até 2 dias.

hora do lanche

snacks e petiscos

pudim fácil de chia com frutas vermelhas

tempo de preparo 20 minutos (+ o tempo de geladeira)
rende 4 porções

2 xícaras de leite vegetal (pp. 14-15)
½ xícara de chia
3 colheres (sopa) de açúcar mascavo
1 xícara de frutas vermelhas frescas
1 xícara de calda de frutas vermelhas (p. 49)

1 Em uma tigela, misture o leite com a chia e reserve por 15 minutos. Passado esse tempo, adicione o açúcar e misture bem.

2 Coloque em taças ou copos, alternando camadas com as frutas e a calda. Cubra com filme de PVC e leve à geladeira por 3 horas antes de servir.

Depois de pronto, conserve o doce na geladeira por, no máximo, 2 dias.

biscoitos de
farinha de arroz

tempo de preparo 1 hora
rende 110 unidades

2 xícaras de farinha de arroz integral
1 xícara de amido de milho
⅓ de xícara de açúcar demerara
½ colher (chá) de canela em pó
1 colher (sopa) de fermento químico
em pó
⅓ de xícara de óleo de coco
½ xícara de leite vegetal (pp. 14-15)

açúcar cristal a gosto para polvilhar

1 Preaqueça o forno a 180 °C.
2 Em uma tigela, misture a farinha com o amido, o açúcar, a canela, o fermento e o óleo até obter uma farofa grossa. Junte o leite, aos poucos, até soltar das mãos.
3 Abra a massa entre duas folhas de papel--manteiga e recorte com um cortador pequeno.
4 Transfira a massa recortada para assadeiras forradas com papel-manteiga e leve ao forno por 15 minutos ou até dourar levemente.
5 Retire do forno e deixe esfriar sobre uma grade. Desgrude do papel com uma espátula e passe os biscoitos no açúcar cristal.

Guarde em potes bem fechados
por até 15 dias.

muffins
de limão

tempo de preparo 1 hora
rende 14 unidades

massa

1 xícara de farinha de trigo
½ xícara de farinha de aveia
½ xícara de farinha de coco
1 colher (sopa) de fermento químico em pó
1 xícara de água
½ xícara de óleo
1 colher (chá) de lecitina de soja
¾ de xícara de açúcar demerara
1 colher (sopa) de raspas de casca de limão (sem a parte branca)

cobertura

1½ xícara de açúcar demerara em pó (ver dica)
4 colheres (sopa) de suco de limão coado

raspas de casca de limão a gosto para decorar

1 Preaqueça o forno a 180 °C.
2 Em uma tigela, misture os três tipos de farinha e o fermento. Reserve.
3 No liquidificador, bata a água com o óleo, a lecitina, o açúcar e a casca de limão. Junte à mistura de farinha e mexa bem.
4 Transfira para forminhas de muffins, forradas com forminhas de papel. Leve ao forno por 30 minutos ou até assar e dourar. Retire do forno e da fôrma de metal e deixe esfriar sobre uma grade.
5 Enquanto isso, prepare a cobertura. Misture bem o açúcar com o suco de limão e espalhe sobre os bolinhos. Decore com as raspas da fruta. Deixe secar e sirva.

Bata o açúcar demerara no liquidificador e passe por uma peneira fina para usar nesta receita. Meça depois de moído.

rosquinhas de
erva-doce

tempo de preparo 1h30
rende 58 unidades

massa

2 xícaras de farinha de trigo branca
2 xícaras de farinha de trigo integral
1½ envelope de fermento biológico seco instantâneo (15 g)
3 colheres (sopa) de açúcar demerara
6 colheres (sopa) de óleo
1 colher (sopa) de sementes de erva-doce
1 xícara de água

cobertura

1 xícara de água
2 colheres (sopa) de sementes de erva-doce

açúcar cristal a gosto para polvilhar

1. Para a massa, preaqueça o forno a 180 °C.
2. Em uma tigela, misture os dois tipos de farinha com o fermento, o açúcar, o óleo e a erva-doce. Adicione a água, aos poucos, até soltar da mão. Cubra a tigela com filme de PVC e deixe a massa dobrar de volume.
3. Abra a massa entre duas folhas de plástico grosso e recorte, com ajuda de um cortador de biscoitos, em forma de rosquinhas. Transfira para duas assadeiras, forradas com papel-manteiga.
4. Asse por 20 minutos ou até dourar levemente. Reserve.
5. Prepare a cobertura. Ferva a água com a erva-doce por 5 minutos, como se fosse preparar um chá, e coe. Reserve o chá até esfriar. Passe cada rosquinha rapidamente nesse chá e, depois, no açúcar. Deixe secar bem e sirva.

Em um recipiente com tampa, estas rosquinhas duram até uma semana.

rabanada
ao forno

tempo de preparo 40 minutos
rende 6 unidades

1 xícara de leite vegetal (pp. 14-15)
½ colher (sopa) de linhaça dourada
1 colher (sopa) de amido de milho
½ xícara de açúcar demerara
1 vidro de leite de coco (200 ml)
3 pãezinhos veganos amanhecidos

canela em pó a gosto para polvilhar

1. Preaqueça o forno a 180 °C.
2. Em uma tigela, misture o leite com a linhaça, o amido, metade do açúcar e o leite de coco. Cubra com um pano e reserve por 10 minutos.
3. Corte os pães em fatias grossas e passe na mistura de leite reservada. Aperte cada fatia entre as mãos para tirar o excesso de líquido. Coloque em uma assadeira, forrada com papel-manteiga untado com óleo.
4. Leve ao forno por 8 minutos. Vire cada fatia com uma espátula e asse mais 5 minutos ou até dourarem levemente.
5. Em uma tigela, misture o açúcar restante com a canela e polvilhe sobre as rabanadas. Sirva.

Você pode usar o pão da p. 81 ou até panetone vegano para preparar esta receita, o segredo é não umedecer muito o pão.

bolinhos de cacau
com avelã

tempo de preparo 1 hora
rende 10 unidades

1 colher (sopa) de café solúvel
1 xícara de água fervente
⅓ de xícara de óleo de coco
1 colher (chá) de vinagre branco ou de maçã
1 colher (chá) de essência de baunilha
1¼ de xícara de farinha de trigo integral
½ xícara de farinha de trigo branca
1 xícara de açúcar demerara
2 colheres (sopa) de chia
⅓ de xícara de cacau em pó
1 colher (chá) de bicarbonato de sódio
uma pitada de sal
¾ de xícara de avelã, sem casca, picada

1. Preaqueça o forno a 180 °C.
2. Dissolva o café na água e deixe esfriar. Adicione o óleo, o vinagre e a essência de baunilha e reserve.
3. Em uma tigela, misture os dois tipos de farinha com o açúcar, a chia, o cacau, o bicarbonato, o sal e a avelã (reserve um pouco da avelã para decorar). Acrescente os ingredientes misturados e reservados. Misture bem.
4. Transfira para forminhas de papel sem untar. Ponha as forminhas sobre uma assadeira baixa e polvilhe com a avelã reservada.
5. Leve ao forno por 20 minutos ou até que um palito inserido no centro do bolinho saia limpo. Retire do forno e da assadeira, decore com a avelã e deixe esfriar sobre uma grade antes de servir.

biscoitos de quinoa
com frutas secas

tempo de preparo 1 hora
rende 120 unidades

1 caixa de creme de aveia para uso culinário
½ xícara de açúcar cristal
1½ xícara de farinha de trigo
2 xícaras de flocos de quinoa
½ xícara de frutas secas picadas (use castanha-do-pará, nozes e castanha de caju)

1 Preaqueça o forno a 180 °C.
2 Em uma tigela, misture o creme de aveia com o açúcar. Junte a farinha, a quinoa e as frutas picadas. Misture bem até ficar homogêneo.
3 Abra a massa entre duas folhas de plástico grosso e recorte com um cortador de biscoitos pequeno. Transfira para assadeiras forradas com papel-manteiga.
4 Asse no forno por 20 minutos ou até dourar levemente. Deixe esfriar sobre uma grade e sirva.

Guarde em um recipiente com tampa e em lugar seco e fresco por até 10 dias.

biscoitinhos de limão

tempo de preparo 1 hora
rende 45 unidades

2 xícaras de amido de milho
½ xícara de leite de coco
1 xícara de óleo de coco
6 colheres (sopa) de açúcar demerara
1 colher (sopa) de raspas de casca de limão (sem a parte branca)

1. Preaqueça o forno a 180 °C.
2. Em uma tigela, misture bem todos os ingredientes, mas não sove a massa.
3. Molde bolinhas e transfira para assadeiras forradas com papel-manteiga. Aperte cada bolinha com um garfo.
4. Leve ao forno por 15 minutos ou até a base dos biscoitinhos começar a dourar. Retire do forno e deixe esfriar sobre uma grade. Remova os biscoitos com ajuda de uma espátula e sirva.

Estes biscoitos duram até 15 dias num recipiente com tampa guardado em um lugar seco e fresco.

pão com frutas
cristalizadas

tempo de preparo 1h30
rende 10 fatias

esponja

3 tabletes de fermento biológico fresco (45 g)
2 colheres (sopa) de açúcar demerara
1 xícara de água
1 xícara de farinha de trigo

massa

6 colheres (sopa) de açúcar demerara
½ xícara de óleo
1½ colher (chá) de goma xantana
3 xícaras de farinha de trigo
1 xícara de amaranto em flocos
1 xícara de frutas cristalizadas picadas

açúcar demerara a gosto polvilhar

1 Para a esponja, em uma tigela, misture o fermento com o açúcar e a água. Mexa bem e adicione a farinha, misturando mais. Cubra e deixe crescer até dobrar de volume.

2 Preaqueça o forno a 180 °C.

3 Depois que a massa dobrar de volume, adicione os ingredientes restantes. Amasse e sove bem até soltar das mãos (a massa deve ficar macia).

4 Transfira para uma fôrma de bolo inglês, untada com óleo e polvilhada com farinha de trigo. Polvilhe com açúcar e deixe crescer novamente.

5 Leve ao forno por 30 minutos ou até assar e dourar.

6 Retire do forno para amornar antes de desenformar. Deixe esfriar completamente sobre uma grade e sirva.

pãozinho integral
de aveia

tempo de preparo 1 hora
rende 10 unidades

1 xícara de água
1 envelope de fermento biológico
seco instantâneo (10 g)
⅓ de xícara de açúcar cristal
4 colheres (sopa) de azeite
1 xícara de farinha de trigo integral
½ xícara de farinha de aveia
½ xícara de farinha de trigo branca
uma pitada de sal

4 colheres (sopa) de aveia em flocos
para polvilhar

1 Preaqueça o forno a 180 °C.

2 Em uma tigela, misture a água com o fermento, o açúcar, o azeite e a farinha integral. Cubra e deixe descansar por 10 minutos.

3 Adicione os ingredientes restantes (exceto a aveia para polvilhar). Amasse e sove bem até desgrudar das mãos e ficar bem macia.

4 Molde bolinhas pequenas e transfira para uma assadeira untada com azeite. Pincele com um pouco de água e polvilhe com a avcia. Deixe crescer em um lugar sem correntes de ar.

5 Leve ao forno por 20 minutos ou até assar e dourar. Retire do forno e sirva morno ou frio.

Se preferir, **você pode** usar **amaranto em flocos no** lugar da **aveia** para **polvilhar.**

brownie de chocolate
com nozes e linhaça

tempo de preparo 1 hora
rende 12 pedaços

4 colheres (sopa) de óleo
½ xícara de água
½ xícara de polpa amassada de um abacate maduro
1 maçã pequena, sem casca e sem sementes, picada
1 colher (sopa) de essência de baunilha
½ xícara de cacau em pó
1½ xícara de açúcar demerara
½ xícara de farinha de trigo
½ xícara de farinha de trigo integral
1 colher (chá) de bicarbonato de sódio
1 xícara de nozes e castanhas-do--pará, sem casca, picadas
1 colher (sopa) de sementes de linhaça dourada

1. Preaqueça o forno a 180 °C.
2. No liquidificador, bata o óleo com a água, a polpa do abacate, a maçã, a baunilha, o cacau e o açúcar. Passe para uma tigela e adicione os ingredientes restantes, misturando bem.
3. Transfira para uma fôrma quadrada, de fundo removível, medindo 20 cm x 20 cm, untada com óleo e com o fundo forrado com papel-manteiga também untado com óleo.
4. Leve ao forno por 40 minutos ou até assar e firmar. Retire do forno e deixe esfriar sobre uma grade por 5 minutos e desenforme. Se desejar, sirva com sorvete e calda de chocolate veganos.

suco de
cevada

tempo de preparo 5 minutos (+ o tempo de geladeira)
rende 6 copos

5 colheres (sopa) de cevada em pó
½ xícara de água quente
2 vidros de leite de coco (400 ml)

açúcar mascavo e canela em pó a gosto

No liquidificador, bata a cevada com água quente para dissolvê-la bem. Junte o leite de coco e o açúcar mascavo e bata até ficar bem homogêneo. Deixe esfriar e leve à geladeira. Sirva gelado polvilhado com a canela em pó.

Antes de servir, adicione um pouco de coco fresco ralado e queimado. Para queimá-lo, leve uma frigideira antiaderente ao fogo e ponha o coco. Deixe aquecer e mexa sempre até o coco ficar dourado.

pedidos especiais

delícias sem glúten

curau de
milho-verde

tempo de preparo 40 minutos (+o tempo de geladeira)
rende 8 porções

6 espigas de milho-verde bem novas
3 xícaras de leite vegetal (pp. 14-15)
1 xícara de leite de coco
1½ xícara de açúcar demerara

canela em pó a gosto para polvilhar

1 Com uma faca afiada, corte o milho bem rente à espiga. Ponha no liquidificador e bata, aos poucos, com o leite vegetal. Passe por uma peneira para coar o líquido obtido.
2 Leve ao fogo esse líquido com o leite de coco e o açúcar, mexendo sempre até cozinhar e começar a engrossar. Espere esfriar e transfira para canecas. Sirva morno ou gelado, polvilhado com a canela.

O curau estará pronto
quando perder o gosto de milho cru.

cocada
ao forno

tempo de preparo 50 minutos
rende 26 unidades

2 xícaras de coco ralado e desidratado
4 colheres (sopa) de farinha de aveia sem glúten
½ xícara de açúcar demerara
1 colher (sopa) de óleo de coco
4 colheres (sopa) de creme de arroz para uso culinário

1 Preaqueça o forno a 180 °C.
2 Em uma tigela, misture todos os ingredientes com uma colher grande ou espátula. Faça bolinhas com a massa e coloque em uma assadeira forrada com papel-manteiga levemente untado com óleo de coco.
3 Leve ao forno por 15 minutos ou até secar e dourar. Tire do forno e deixe esfriar. Remova da assadeira com ajuda de uma espátula e sirva.

Estas cocadas podem ser guardadas num recipiente com tampa fora da geladeira por até 7 dias. No Brasil, existe um tipo de aveia, comercializado em lojas de produtos naturais, que é sem glúten.

trufa com
recheio de amêndoas

tempo de preparo 1h30
rende 32 unidades

trufa
500 g de chocolate meio amargo
vegano (sem lactose)
1 caixa de creme de arroz para uso
culinário

recheio
1 xícara de amêndoas, sem casca
e sem pele
8 tâmaras sem caroço
¼ de xícara de biomassa de
banana verde (p. 37)
1 xícara de aveia em flocos finos
sem glúten
¼ de xícara de sementes de abóbora
levemente trituradas

300 g de chocolate meio amargo
vegano (sem lactose) derretido e frio
cacau em pó para polvilhar

1 Comece pela trufa. Numa panela, derreta o chocolate com o creme de arroz. Transfira para uma tigela e deixe esfriar. Quando esfriar, cubra com filme de PVC e leve à geladeira até firmar.

2 Enquanto isso, prepare o recheio. Bata no processador as amêndoas, as tâmaras, a biomassa, a aveia e as sementes. Misture bem e molde bolinhas. Disponha sobre uma assadeira forrada com papel-manteiga e leve à geladeira por 30 minutos.

3 Passado esse tempo, abra pequenas porções da massa de chocolate, ponha uma bolinha do recheio por cima e enrole. Feche bem e reserve.

4 Depois de todas as trufas prontas, banhe no chocolate derretido e coloque sobre um pedaço de papel-manteiga para secar. Ao secar, polvilhe com cacau em pó e conserve em lugar fresco e seco até servir.

Se estiver muito calor, conserve as trufas em recipiente com tampa na parte menos fria da geladeira.

crumble
de maçã

tempo de preparo 1h20
rende 6 porções

cobertura

1 xícara de cookies veganos de castanha-do-pará picados
½ xícara de aveia em flocos finos sem glúten
2 colheres (sopa) de chia
uma pitada de sal
¾ de xícara de óleo de coco
½ xícara de nozes picadas
2 colheres (sopa) de sementes de girassol

recheio

6 maçãs do tipo gala, sem casca e sem sementes, cortadas em fatias finas
½ xícara de açúcar mascavo
½ colher (chá) de canela em pó
uma pitada de cardamomo em pó
1 xícara de geleia de frutas vermelhas (p. 100)

1 Preaqueça o forno a 180 °C.

2 Comece pela cobertura. Em uma tigela, misture os cookies com a aveia, a chia, o sal, o óleo de coco, as nozes e as sementes até obter uma farofa grossa. Reserve.

3 Em outra tigela, misture as fatias de maçã com o açúcar mascavo, a canela e o cardamomo.

4 Unte seis refratários pequenos (ramequins) com óleo de coco e distribua a maçã no fundo deles. Coloque uma colherada da geleia e espalhe com a cobertura reservada.

5 Ponha os ramequins dentro de uma assadeira e leve ao forno por 30 minutos ou até dourar. Sirva quente.

Voce pode servir com sorvete vegano caseiro de morango (p. 43).

cookies
de pistache

tempo de preparo 1 hora
rende 28 unidades

1 xícara de farinha de amêndoa
½ xícara de pistache sem sal e sem casca picado
4 colheres (sopa) de açúcar demerara
uma pitada de sal
½ xícara de biomassa de banana (p. 37)

1 Preaqueça o forno a 180 °C.
2 Em uma tigela, misture a farinha de amêndoa com o pistache, o açúcar, o sal e a biomassa. Faça bolinhas, achate-as levemente e coloque em uma assadeira forrada com papel-manteiga.
3 Leve ao forno por 10 minutos ou até começar a dourar na parte inferior. Retire do forno e deixe esfriar sobre uma grade.

Os cookies desta receita ficam macios e podem ser guardados em um recipiente com tampa por até 1 semana, fora da geladeira.

geleia caseira
de frutas vermelhas

tempo de preparo 40 minutos

rende 2 xícaras

2 xícaras de frutas vermelhas frescas

1 colher (sopa) de suco de limão

1 xícara de açúcar demerara

1 xícara de água

1 Coloque as frutas numa tigela com o suco de limão e reserve.

2 Leve ao fogo o açúcar com a água, mexendo até dissolver. Pare de mexer e deixe ferver até obter uma calda grossa.

3 Junte as frutas limpas e bem enxutas. Deixe ferver, mexendo às vezes, até obter uma geleia grossa (cerca de 10 minutos).

4 Com uma escumadeira, retire e descarte a espuma que se formar na superfície. Retire do fogo e deixe esfriar.

Ao retirar a espuma, a geleia vai durar mais tempo sem azedar ou embolorar. Guarde-a num recipiente de vidro, já esterilizado e com tampa, na geladeira por até 10 dias.

creme de tapioca
com manga

tempo de preparo 30 minutos (+ o tempo de geladeira)
rende 4 porções

1 manga média madura, sem casca, e cortada em cubos
1 colher (sopa) de suco de limão
2 xícaras de leite vegetal (pp. 14-15)
½ xícara de açúcar demerara
1 bago de cardamomo
½ xícara de tapioca granulada fina

2 colheres (sopa) de coco fresco ralado para polvilhar

1 Coloque a manga numa tigela com o suco de limão e reserve.

2 Numa panela, ferva o leite vegetal com o açúcar e o cardamomo. Retire do fogo e misture a tapioca. Deixe hidratar por 15 minutos ou até ficar macia.

3 Em quatro taças, alterne camadas de tapioca e de manga (termine com a tapioca). Cubra com filme de PVC e leve à geladeira por 3 horas.

4 Pouco antes de servir, polvilhe com o coco fresco ralado e, se desejar, decore com duas pequenas fatias de manga.

O creme de tapioca deve ficar bem macio, mesmo depois de gelado. Se for preciso, aumente a quantidade de leite vegetal.

barrinhas crocantes
de chocolate

tempo de preparo *40 minutos*
rende *24 unidades*

500 g de chocolate vegano (sem lactose) picado
½ xícara de leite vegetal (pp. 14-15)
1 xícara de nozes, sem casca, picadas
1 xícara de amêndoas, sem casca, picadas
½ colher (sopa) de essência de baunilha
4 colheres (sopa) de flocos de quinoa

flocos de aveia grossos sem glúten levemente torrados a gosto para polvilhar

1 Derreta o chocolate com o leite vegetal no micro-ondas por 2 minutos na potência média. Misture bem até ficar homogêneo. Se for necessário, leve ao micro-ondas por mais 30 segundos. Adicione as nozes, as amêndoas, a essência de baunilha e a quinoa. Misture bem.

2 Espalhe sobre uma assadeira de 20 x 30 cm, forrada com papel-alumínio untado com óleo de coco. Use as costas de uma colher para alisar bem a superfície. Polvilhe com a aveia e deixe descansar, fora da geladeira, até o dia seguinte.

3 Desenforme com a ajuda do papel e corte em retângulos. Retire o papel e conserve em recipiente fechado por até 1 semana, em lugar fresco e seco.

vestidos para a festa

bolos maravilhosos

bolo de
laranja

tempo de preparo 1h30
rende 10 fatias

massa

1½ xícara de farinha de trigo branca
½ xícara de farinha de trigo integral
1 xícara de açúcar demerara
½ xícara de óleo
1 xícara de suco de laranja
1 colher (sopa) de raspas da casca
da laranja sem a parte branca
1½ colher (chá) de fermento
químico em pó
½ colher (chá) de bicarbonato de sódio
1 colher (chá) de vinagre branco
ou de maçã

cobertura

1 xícara de açúcar demerara batido
no liquidificador
½ xícara de suco de laranja

raspas da casca da laranja a gosto
para decorar

1 Preaqueça o forno a 180 °C.
2 Em uma tigela, misture os dois tipos de farinha com o açúcar, o óleo, o suco e a casca de laranja até ficar homogêneo. Acrescente o fermento, o bicarbonato e o vinagre. Misture novamente.
3 Passe para uma fôrma de buraco no meio untada com óleo e leve ao forno por 40 minutos ou até assar e dourar.
4 Retire do forno e aguarde 10 minutos para desenformar sobre uma grade.
5 Para a cobertura, misture em uma tigela pequena o açúcar com o suco de laranja. Despeje, aos poucos, sobre o bolo. Decore com as raspas e sirva.

Para saber se **o bolo** está
assado, faça **o teste do palito**,
espetando-**o no** centro do **bolo**.
Se sair seco, está **no ponto**.

bolo
formigueiro

tempo de preparo 1 hora
rende 12 pedaços

massa

2 xícaras de farinha de trigo
1 xícara de coco em flocos desidratado
1 xícara de açúcar demerara
1 colher (chá) de goma xantana
½ xícara de óleo
1 colher (chá) de vinagre branco ou de maçã
1 xícara de água
1 colher (sopa) de fermento químico em pó
⅓ de xícara de chocolate granulado, forneável, vegano

cobertura

1 xícara de açúcar demerara
5 colheres (sopa) de óleo de coco
4 colheres (sopa) de leite vegetal (pp. 14–15)
3 colheres (sopa) de cacau em pó
1 colher (chá) de essência de baunilha

1 Preaqueça o forno a 180 °C.

2 Em uma tigela, misture os ingredientes da massa, pela ordem, usando um batedor manual ou uma espátula, até ficar homogêneo. Transfira para uma assadeira média, com fundo falso, untada com óleo de coco e com o fundo forrado com papel-manteiga untado com o mesmo óleo.

3 Leve ao forno por 40 minutos ou até assar e dourar. Retire do forno e deixe esfriar sobre uma grade.

4 Para a cobertura, leve ao fogo todos os ingredientes, exceto a essência de baunilha. Mexa até ferver e engrossar levemente. Ao retirar do fogo, adicione a baunilha. Misture e espalhe sobre o bolo frio e já desenformado. Sirva.

Se quiser, polvilhe com o mesmo granulado usado na massa.

bolo invertido
de banana

tempo de preparo 1 hora
rende 10 fatias

calda

1½ xícara de açúcar cristal orgânico
½ xícara de água
3 bananas nanica maduras, sem
casca, cortadas em rodelas de 1 cm

massa

1½ xícara de farinha de trigo
½ xícara de flocos de amaranto
½ xícara de óleo
1 xícara de leite vegetal (pp. 14–15)
1 xícara de açúcar cristal
1 colher (chá) de vinagre branco
ou de maçã
1 colher (chá) de goma xantana
1 colher (sopa) de fermento químico
em pó

1 Comece pela calda. Leve ao fogo o açúcar, mexendo sempre até derreter e formar um caramelo não muito escuro (quando escurece, fica amargo).

2 Retire do fogo e junte a água, com cuidado. Misture e volte ao fogo, mexendo até dissolver. Deixe ferver. Retire do fogo.

3 Unte uma fôrma de bolo inglês média com óleo e espalhe o caramelo somente no fundo da fôrma (guarde um pouco para usar na hora de servir). Cubra o fundo com as rodelas de banana e reserve.

4 Preaqueça o forno a 180 °C.

5 Em uma tigela, coloque a farinha de trigo e o amaranto. Misture bem e adicione os ingredientes restantes, sempre misturando, até obter uma massa homogênea.

6 Transfira para a forma reservada e leve ao forno por 40 minutos ou até assar e dourar. Retire do forno e desenforme com cuidado. Deixe esfriar. Na hora de servir, regue com o caramelo reservado.

bolo de
especiarias

tempo de preparo 1 hora
rende 12 pedaços

massa

2 xícaras de farinha de trigo branca
½ xícara de farinha de trigo integral
1 xícara de açúcar mascavo
½ xícara de xarope de agave
1 xícara de água
½ colher (sopa) de canela em pó
1 colher (chá) de cravo-da-índia em pó
½ colher (chá) de noz-moscada ralada
¾ de xícara de óleo
1 colher (sopa) de fermento químico em pó
1 colher (chá) de bicarbonato de sódio

cobertura

4 colheres (sopa) de açúcar demerara
3 colheres (sopa) de cacau em pó

1 Preaqueça o forno a 180 °C.
2 Em uma tigela, misture os ingredientes da massa pela ordem até obter uma mistura homogênea.
3 Passe para uma assadeira média, de fundo removível, untada com óleo.
4 Leve ao forno por 40 minutos ou até assar e dourar. Retire do forno e deixe esfriar para desenformar.
5 Para a cobertura, misture o açúcar e o cacau e polvilhe sobre o bolo. Sirva em seguida.

Se quiser, sirva polvilhado com açúcar cristal peneirado e canela em pó.

bolo de
Natal

tempo de preparo 1h30 (+ tempo para demolhar as passas)
rende 12 fatias

massa

2 xícaras de uvas-passas brancas e pretas, sem sementes
½ xícara de rum
3 xícaras de castanhas variadas, sem casca, picadas
½ xícara de cereja em calda escorrida
1½ xícaras de farinha de trigo
½ xícara de farinha de aveia
1 colher (chá) de bicarbonato de sódio
½ colher (sopa) de fermento químico em pó
½ colher (chá) de canela em pó
½ colher (chá) de cravo-da-índia em pó
1 colher (chá) de noz-moscada ralada
2 colheres (sopa) de cacau em pó
¾ de xícara de óleo de coco
2 xícaras de açúcar mascavo
½ colher (sopa) de essência de baunilha
1 xícara de leite vegetal (pp. 14-15)

cobertura

2 xícaras de açúcar cristal batido no liquidificador e peneirado
3 colheres (sopa) de água

cerejas em calda, bem escorridas, a gosto para decorar

1 Preaqueça o forno a 180 °C.
2 Em uma tigela, coloque as passas e o rum e deixe descansar por 2 horas.
3 Em outra tigela, misture as castanhas com as cerejas, os dois tipos de farinha, o bicarbonato, o fermento, as especiarias e o cacau. Sempre misturando, adicione o óleo de coco, o açúcar, a baunilha e o leite vegetal. Acrescente as passas, escorridas do rum, e misture bem.
4 Transfira para uma fôrma de buraco no meio de 22 cm, untada com óleo e polvilhada com farinha de rosca vegana.
5 Leve ao forno por 50 minutos ou até assar. Retire do forno, espere amornar e desenforme sobre uma grade. Deixe esfriar completamente.
6 Para a cobertura, leve ao fogo, em banho-maria, o açúcar com a água. Misture bem até obter um glacê grosso. Espalhe quente sobre o bolo e deixe esfriar. Decore com as cerejas e sirva.

(foto na p.118)

Este bolo pode ser assado um mês antes do Natal.
Depois de frio e sem a cobertura, envolva-o em um
pano limpo e descartável bem embebido em rum.
Depois, enrole em papel-alumínio e filme de PVC.
Guarde na geladeira, na parte menos gelada. Antes de
servir, cubra com a cobertura e decore com as cerejas.

bolo de Natal (pp.116-117)

naked cake com frutas frescas (pp.120–121)

naked cake
com frutas frescas

tempo de preparo 2 horas
rende 12 fatias

massa

1½ xícaras de farinha de trigo
½ xícara de flocos de quinoa
1 colher (sopa) de fermento químico em pó
1½ xícara de leite vegetal (pp. 14–15)
½ colher (sopa) de essência de baunilha
⅓ de xícara de óleo
2 xícaras de açúcar demerara
1 colher (chá) de goma xantana

recheio

3 xícaras de nozes, macadâmias e avelãs, sem pele, bem frescas
200 g de chocolate meio amargo vegano, derretido e morno
½ colher (sopa) de óleo de coco

ganache

200 g de chocolate meio amargo vegano
1 caixa de creme de aveia para uso culinário

frutas frescas a gosto para decorar

1 Preaqueça o forno a 180 °C.
2 Em uma tigela, misture a farinha com a quinoa e o fermento. Reserve.
3 No liquidificador, bata o leite vegetal com a baunilha, o óleo, o açúcar e a goma xantana. Passe para a tigela com a farinha e misture bem com um batedor manual.
4 Transfira para duas fôrmas, com fundo falso, de 20 cm de diâmetro, untadas com óleo de coco e com o fundo forrado com papel-manteiga untado com o mesmo óleo.
5 Leve ao forno por 30 minutos ou até assar e dourar. Retire do forno e deixe esfriar sobre uma grade.
6 Enquanto isso, prepare o recheio. Bata no processador as nozes, as macadâmias e as avelãs até obter um creme. Adicione o chocolate e o óleo de coco e bata até misturar bem. Cubra e leve à geladeira por 30 minutos.
7 Para a ganache, derreta o chocolate com o creme de aveia numa panela em banho-maria, mexendo até ficar homogêneo.
8 Monte o bolo, colocando um dos discos de massa assado sobre um prato de servir. Cubra com o recheio reservado. Por cima, ponha o outro disco de massa assado. Cubra com a ganache e decore com as frutas. Sirva em seguida.

(foto na p. 119)

bolo de cenoura com calda de chocolate

tempo de preparo 1h20
rende 10 unidades

massa

2 colheres (sopa) de linhaça dourada
4 colheres (sopa) de água
3 xícaras de farinha de trigo
1 colher (sopa) de fermento químico em pó
1 xícara de leite vegetal (pp. 14-15)
¾ de xícara de óleo
1½ xícara de açúcar
1 colher (chá) de lecitina de soja
3 cenouras médias, sem casca, picadas

calda

1 colher (sopa) de óleo de coco
½ xícara de açúcar cristal
1 xícara de leite vegetal (pp. 14-15)
4 colheres (sopa) de cacau em pó
½ colher (sopa) de essência de baunilha

1. Preaqueça o forno a 180 °C.
2. Em uma xícara, ponha a linhaça e a água. Reserve por 15 minutos.
3. Em uma tigela, ponha a farinha e o fermento. Reserve.
4. No liquidificador, bata o leite vegetal com o óleo, o açúcar, a lecitina e a cenoura por 2 minutos. Junte a linhaça hidratada e bata rapidamente.
5. Misture com a farinha reservada e passe para forminhas de buraco no meio com 10 cm de diâmetro untadas com óleo de coco e polvilhadas com farinha de rosca vegana.
6. Ponha as forminhas em uma assadeira e leve ao forno por 20 minutos ou até assar e dourar. Retire do forno e coloque sobre uma grade até esfriar.
7. Para a calda, leve ao fogo todos os ingredientes, exceto a baunilha. Mexa bem até ferver e engrossar. Retire do fogo e adicione a baunilha, mexendo rapidamente. Deixe esfriar e cubra os bolinhos antes de servir.

rocambole de
frutas

tempo de preparo 1h30
rende 12 fatias

recheio

1½ xícara de leite vegetal (pp. 14-15)
4 colheres (sopa) de açúcar demerara
6 colheres (sopa) de amido de milho
1 colher (sopa) de essência de baunilha
2 pêssegos em calda picados
½ xícara de uva verde, sem semente, picada
½ xícara de morango picado
1 manga pequena, sem casca, picada

massa

1¼ xícara de farinha de trigo
4 colheres (sopa) de amaranto em flocos
2 colheres (chá) de fermento químico em pó
½ colher (chá) de bicarbonato de sódio
¾ de xícara de açúcar demerara
6 colheres (sopa) de óleo
1 colher (chá) de essência de baunilha
2 colheres (chá) de vinagre branco ou de maçã
1 xícara de água

açúcar cristal a gosto para polvilhar

1 Comece pelo recheio. Em uma panela, leve ao fogo o leite com o açúcar e o amido, mexendo até engrossar. Retire do fogo e junte a baunilha. Deixe esfriar.

2 Preaqueça o forno a 180 °C.

3 Em uma tigela, misture bem os ingredientes da massa com um batedor manual e coloque em uma assadeira grande untada com óleo e com o fundo forrado com papel-manteiga também untado.

4 Leve ao forno por 20 minutos ou até assar e dourar levemente. Retire do forno e desenforme sobre um pano umedecido com água e polvilhado com açúcar cristal.

5 Espalhe o recheio de creme sobre a massa e, por cima, ponha as frutas picadas e bem escorridas. Enrole com a ajuda do pano. Deixe enrolado até esfriar.

6 Transfira para o prato de servir e polvilhe com mais açúcar. Aqueça espetos de metal e faça marcas sobre o açúcar. Sirva.

(foto na p. 126)

Varie o recheio usando as frutas de sua preferência, goiabada mole ou doce de coco.

rocambole de frutas (pp.124-125)

falsa cheesecake
de coco e damasco (pp.128-129)

falsa cheesecake de
coco e damasco

tempo de preparo 2h30 (+ o tempo de geladeira)
rende 8 fatias

base
150 g de cookies de coco veganos moídos
4 colheres (sopa) de óleo de coco
2 colheres (sopa) de água

recheio
450 de tofu firme bem escorrido
1 vidro de leite de coco (200 ml)
1 xícara de açúcar demerara
2 colheres (sopa) de farinha de trigo
2 colheres (sopa) de amido de milho

cobertura
150 g de damascos secos
½ xícara de água
1 vidro de leite de coco (200 ml)
1 colher (sopa) de amido de milho
4 colheres (sopa) de açúcar demerara
1 xícara de coco ralado grosso

1. Para fazer a base da torta, misture em uma tigela o biscoito moído com o óleo de coco até obter uma farofa grossa. Junte a água e misture bem.

2. Aperte essa massa na base de uma fôrma de fundo removível, com 18 cm de diâmetro, untada com óleo de coco e reserve.

3. Preaqueça o forno a 180 °C.

4. No liquidificador, bata o tofu com o leite de coco, o açúcar, a farinha e o amido até ficar homogêneo. Distribua sobre a massa na fôrma.

5. Leve ao forno por 50 minutos ou até assar e dourar (no centro, o recheio ficará cremoso). Retire do forno e deixe esfriar. Cubra com filme de PVC e leve à geladeira por 8 horas para firmar bem.

6. Para a cobertura, deixe o damasco de molho na água por 1 hora. Bata rapidamente no liquidificador. Junte o leite de coco e o amido e bata mais.

7. Transfira para uma panela e acrescente o açúcar. Cozinhe, mexendo, até começar a engrossar. Ponha o coco, misture bem e retire do fogo. Deixe esfriar.

8. Distribua, depois de frio, sobre o doce desenformado e sirva.

(foto na p. 127)

Glossário

Aprenda mais sobre alguns ingredientes e técnicas comuns à culinária, especialmente à vegana

alfarroba tipo de vagem comestível, a alfarroba tem cor escura e sabor ligeiramente doce. É, em geral, vendida na forma de pó, polpa ou como substituto do chocolate para os veganos. Ao comprá-la, certifique-se de que o óleo vegetal usado em sua composição – principalmente o de palma – é extraído de forma sustentável, não promovendo ou causando a destruição da fauna e da flora locais. Por isso, é muito importante comprar produtos certificados.

ágar-ágar gelatina vegetal, obtida a partir das folhas desidratadas de algumas algas marinhas. Totalmente natural, substitui o produto de origem animal em doces como musses, gelatinas e até pudins.

agave adoçante natural extraído de um cacto mexicano, é uma boa alternativa ao açúcar e aos adoçantes artificiais.

aveia com baixo teor de gordura, é a aliada de quem precisa controlar os índices de colesterol. Pode ser consumida *in natura*, em bebidas ou com frutas secas. Engrossa sopas, caldos e receitas doces e salgadas. Também é um ingrediente acessível e econômico para produzir o leite vegetal caseiro.

amaranto grão que fazia parte da dieta dos astecas, não contém glúten e pode ser usado até pelos celíacos. Ideal para sopas, tortas, na massa do pão e de bolos.

amido de milho espécie de farinha fina de produção industrial, empregada como espessante no preparo de cremes, molhos e mingaus.

anis-estrelado com formato de estrela e uma semente em cada ponta, tem uso culinário e medicinal. Seu perfume característico é ideal para aromatizar caldas e pudins.

apurar deixar um alimento cozinhar até o ponto desejado. Termo empregado, em geral, para molhos e caldas.

boleador utensílio da cozinha com o qual se escava frutas, legumes e sorvetes para dar-lhes um formato arredondado.

canela cultivada no Ceilão e na Índia, foi levada para a Europa no fim da Idade Média. É apreciada em doces e salgados. No Brasil, é costume usá-la em mingaus, canjicas e, misturada ao açúcar, para polvilhar sobre preparações doces e fritas, como o bolinho de chuva ou a rabanada.

cardamomo ingrediente do curry indiano, também fica ótimo em bolos e biscoitos. Possui sabor marcante.

chia originária do México, já era consumida há séculos pelos povos da América Central. É um curinga da culinária vegana, porque suas pequenas sementes, depois de hidratadas, viram uma espécie de gel que substitui o ovo nas receitas. Portanto, liga quase todos os tipos de ingrediente.

coco boa fonte de gorduras saudáveis, sua polpa deve ser consumida com moderação porque é muito calórica. Rica em fibras, é usada basicamente em doces, embora muitos pratos salgados, sobretudo da culinária baiana, façam dele um ingrediente importante. Dele também se extrai o leite, muito apreciado pela culinária brasileira.

cevada um dos cereais mais ricos em vitaminas e minerais, é boa fonte de selênio, magnésio, cobre e B_1. Base da cerveja, é usada no preparo de pães, bolos, tortas e biscoitos.

chocolate seu ingrediente básico é o cacau. Para ser transformado em chocolate, recebe a adição de outros ingredientes, como manteiga de cacau e leite – que vão dar origem aos vários tipos: ao leite, branco etc. Os amargos e meio amargos, com teor mais alto de cacau, não costumam conter leite e derivados. De qualquer forma, é importante ler o rótulo para certificar-se de que é um produto vegano.

damasco originária da China, a fruta tem uma cor laranja intensa. É muito apreciada na culinária árabe. Pode ser consumida fresca ou seca, em doces ou até em saladas.

erva-doce cultivada no Egito, esta planta tem odor leve. Fica ótima em biscoitos e na massa de pães ou bolos à base de milho-verde.

especiarias condimentos de sabor e aroma marcantes, como a canela, o cravo-da-índia, o gengibre e a noz-moscada. Descobertas no Oriente, ganharam o mundo com os navegadores portugueses.

espessantes são ingredientes, naturais ou artificiais, usados para dar mais consistência a molhos, caldas e massas. Por exemplo, amido de milho.

esponja é um método de preparo que consiste em fazer uma parte da massa (em geral, de pães), deixá-la crescer para, depois, ser incorporada ao restante da receita. Ajuda a deixar os pães mais aerados, macios e saborosos.

estévia adoçante totalmente natural, obtido a partir das folhas da planta *Stevia rebaudiana* – o tipo de planta que possui os compostos mais doces. Seu poder de adoçar é muito superior ao do açúcar.

extrato de soja é obtido a partir da moagem da soja. Misturado ao leite, é considerado uma boa alternativa ao leite de origem animal. Use-o no preparo de bolos, sobremesas, vitaminas e cremes, onde substitui a manteiga.

forma utensílio da cozinha, que pode ser de metal ou vidro, com formatos e tamanhos variados, usado para preparar bolos, pudins, tortas e pães.

frutas cristalizadas são frutas frescas que, depois de cozidas numa calda rala de açúcar, num processo que pode ser industrial, se cristalizam (ganham uma fina camada de açúcar).

frutas secas também são frutas frescas que passam por um processo de desidratação para ficarem "secas", destacando seu açúcar natural. São muito usadas em pães e bolos.

geleia espécie de calda mais encorpada, é feita com frutas frescas e açúcar. Ideal para servir com doces, torradas e biscoitos.

goji berry vinda da China, é a frutinha do momento para os amantes da boa forma porque é muito nutritiva e pouco calórica. No Brasil, é vendida comumente na forma desidratada. Fica ótima em quase todos os tipos de doce.

goma xantana semelhante à farinha de trigo, é feita a partir da fermentação do milho. É usada como um espessante natural, sobretudo, na indústria. Nas receitas caseiras, engrossa molhos e caldas e dá consistência a bolos e tortas.

lecitina de soja produto natural, obtido a partir da extração da gordura da soja. Nas receitas, confere maciez aos doces, sobretudo às massas.

levedo de cerveja é resultado da fermentação natural da cevada. Pode ser comprado em flocos ou em pó, sendo usado para engrossar vitaminas, sucos, saladas e doces. Ajuda as massas a levederam (fermentarem e crescerem).

linhaça muito usada moída em sopas, saladas e bolos. Tem fama de alimento funcional, pois possui todos os nutrientes essenciais para a nossa saúde. Nas receitas, é usada para substituir parte do óleo ou da gordura.

melado produto obtido com a evaporação do caldo de cana. Pastoso, é usado como substituto do açúcar para adoçar as receitas de forma mais natural.

mingau nome dado a um tipo de papa, à base de farinha, amido e leite (no caso dos veganos, leite vegetal) e até frutas.

óleo substância extraída de oleaginosas, cereais e sementes para uso culinário.

polvilho obtido a partir da secagem e da fermentação do amido de mandioca; o doce é usado em tapiocas e sequilhos e o azedo, em pães de queijo e até bolos.

quinoa cultivada no Chile e no Peru, tem bom teor de cálcio e ferro. Sua farinha é usada para enriquecer vários tipos de receitas.

ramequin pequeno pote de cerâmica que vai direto ao forno, sendo usado para preparar tortas e salgados em porções individuais.

raspas são lascas de um determinado ingrediente, usadas, em geral, para decorar doces e salgados. Entre os doces, as mais comuns são raspas de chocolate e de casca de frutas.

rocambole tipo de pão de ló fino e recheado, que é enrolado e polvilhado, em geral, com açúcar em sua versão doce.

soja leguminosa muito usada no Brasil e a partir da qual se extrai o óleo de cozinha. Pode-se fazer leite e receitas doces e salgadas com esse grão.

tapioca obtida a partir da fécula da mandioca. Muita apreciada no Brasil, é a base para vários doces porque os deixa leves. No Nordeste do país, é o nome dado a um tipo de panqueca feita com o polvilho.

trufa tipo de cogumelo muito cultivado nos bosques da Itália, França e Espanha. Há dois tipos: a trufa branca, mais cara, e a negra. Na doçaria, é o nome dado a um pequeno bombom de chocolate, com ou sem recheio, revestido com chocolate e polvilhado com cacau.

Índice alfabético das receitas

barrinhas crocantes de chocolate 105

barrinhas de cereais com frutas secas 19

biscoitinhos de limão 78

biscoitos de farinha de arroz 66

biscoitos de quinoa com frutas secas 77

bolinhos de cacau com avelã 74

bolo de cenoura com calda de chocolate 122

bolo de especiarias 114

bolo de laranja 109

bolo de Natal 116

bolo formigueiro 110

bolo invertido de banana 113

bolo no pote 61

brigadeiro de chocolate meio amargo 37

brownie de chocolate com nozes e linhaça 85

chocolate quente 28

cocada ao forno 92

cookies de goji berry 27

cookies de pistache 99

creme de tapioca com manga 102

crumble de maçã 96

curau de milho-verde 91

falsa cheesecake de coco e damasco 128

gelatina de manga com ágar-ágar 40
geleia caseira de frutas vermelhas 100
leite de amêndoas 15
leite de aveia 14
leite de avelãs 14
leite de inhame 14
leite de soja 15
mingau de aveia com frutas secas 24
muffins de limão 69
musse de chocolate crocante com amêndoas 38
naked cake com frutas frescas 120
panqueca de tapioca com doce de abóbora 58
pão com frutas cristalizadas 81
pãozinho integral de aveia 82
pavê de coco e cookies 57
pavê de paçoca 33
pudim de arroz com caramelo 50
pudim de baunilha com calda de frutas vermelhas 49
pudim fácil de chia com frutas vermelhas 65
rabanada ao forno 73
rocambole de frutas 124
rosquinhas de erva-doce 70
salada de frutas com falso iogurte de coco 20
semifreddo de chocolate e nozes 45
smoothie de coco 23
smoothie de manga 23
sorbet de manga e gengibre 34
sorvete de morango 43
suco de cevada 86
taça de abacaxi e coco 46
tortinhas de chocolate e maracujá 54
trufa com recheio de amêndoas 95

Compartilhe a sua opinião sobre este livro usando a hashtag **#50DocesVeganos** nas nossas redes sociais:

/EditoraAlaude
/EditoraAlaude
/AlaudeEditora